はじめの自炊帳

土井光

マガジンハウス

作ってみる。食べてみる。

はじめまして。料理家の土井光と申します。
1991年に大阪に生まれ、祖父も祖母も父も料理研究家というちょっと珍しい家庭で育ちました。
幼稚園のときに東京に引っ越し、大学まで東京で学生生活を送ります。19歳のときにフランス留学をしたのがきっかけでフランス料理に興味を持ち、リヨンの料理学校へ進学。そのまま現地のレストランに就職し28歳まで働きました。映画『グランメゾン・パリ』のような世界にいながら考えていたのは、改めて自国の料理をきちんと知りたいということ。

そのタイミングでパンデミックがあり帰国。厨房から離れ、父と共に仕事をしながら客観的に自分がいた場所を見たときに、外食はあくまで楽しいひとときを過ごす場所であり、身体や健康を守っていくのは自分自身が作る料理であるとひしひしと感じました。大きな転換期でした。

食の情報が溢れる現代だからこそ、自分たちの世代に、自身で料理を作るということ、食べるということ、食文化や郷土の歴史のこと、そして私の経験を伝えていきたいと思いました。私自身も多くの方々と触れ合い成長させていただけると考え、今は料理講師の仕事をしています。

この本はPOPEYE Webの連載「どのみち毎日食べるから。」から生まれました。記事を作りながら感じたのは、ファッションやカルチャーなど、物事に好奇心がある人は「料理をすること」に合っているんじゃないかなあ、ということ。

自炊には「おいしい」だけではない料理の魅力がたくさん詰まっています。当たり前に知っている料理もいざ自分で作ってみると、出汁いるのかな？　皮を剥かなくてもいいのでは？　切らなくてもよくないか？　と疑問が湧いてきます。それこそが自炊の楽しさ。毎日作る料理だから、疑問に思ったら試せるんです。誰かのための料理ではないから失敗しても問題なし。

これから紹介する料理は、基本的な調味料で作れるものばかり。一通り作れば、あの料理はこう作れそうとか、今日は疲れているから味を薄くしようとか、好奇心の赴くままに自分なりの料理を作れるようになります。

ときには食生活が乱れることもあります。でも、そんなときに自炊はひとつの安心材料になると思うんです。この本は「自分は自分で守ってこうぜ」というお声がけという感じです。時間ができたら少しだけキッチンに立ってみませんか？

土井 光

2
はじめに

6
まずは調味料の選び方から。

卵の料理

10
ニラ玉

12
煮卵

14
オムレツ

16
卵焼き

野菜の料理

20
にんじんサラダ

22
ピクルス

24
フライドポテト

26
マヨネーズ、
自分で作ってみたら？

28
マヨネーズ

29
ドレッシング

30
サラダ

34
ポテトサラダ

36
野菜のフライパン蒸し

38
キムチ鍋

お米の料理

42
豚きんぴら丼

44
麻婆豆腐

46
親子丼

48
炒飯

50
中華粥

52
ドライカレー

肉の料理

56
ステーキ

60
ハンバーグ

62
鶏の照り焼き

64
唐揚げ

66
肉じゃが

70
ポークチャップ

小麦の料理

74
トマトスパゲティ

76
焼きそば

78
フレンチトースト

80
そうめん

82
サンドイッチ

84
お好み焼き

自炊の手引き

88
お米の炊き方、改めて。

90
味噌汁の作り方。

94
料理はクリエーションの始まり。

96
余ったら詰めてみよう。

100
トッピングの話。

102
家で作る温かい麺の出汁。

104
はじめの道具。

108
サデポン

材料は1〜2人分で
作りやすい分量にしています。

まずは調味料の選び方から。

　この本に出てくる料理は素材の味を楽しむものが多いのですが、素材自体は季節や買う場所やタイミングによって、硬かったり、酸っぱかったり、甘かったりいつも違います。でも、そういった素材の変化を感じて対応するのも料理の醍醐味。そんなときに頼りになる"お守り"のような存在が、調味料です。なかでも、塩、醤油、砂糖、みりん、酒、酢の6種は、最低限これさえ組み合わせれば、おいしいと感じる料理ができる調味料。ここでは私が普段どう選んでいるかお伝えできればと思いますが、基本的に日本で売られているものは品質が安定していて、まずいものはありません。だからこそ、丁寧に考えて選んでいきたいところです。

　まず、砂糖、みりん、酒、酢は、どんなスーパーでも買えるごく普通のものです。これらの調味料は、料理に使ったときに、そこまで味に幅がないからこそ、リーズナブルで手に入りやすいことが大事だと思っています。特にみりんと酒に関しては、隠し味として使うことが多い

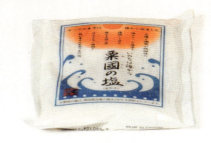

それぞれのキャラクターを知ると
使うタイミングが見えてきます。

ので、特別なものより、調味料自体の個性があまりないほうが普段の料理には向いていたりもします。

一方、塩味はわかりやすく味を左右するので、良いものを使ったほうが「おいしい」につながりやすいと思っています。ここに挙げている「粟國の塩」は、間違えてぱっぱと振っても「ちょっと今日は多かったかな？」くらい優しい口当たり。「三ツ星醤油」は旨味が強く、お好み焼きやたこ焼きを作った際、ソースの代わりにもできるほど。なんか物足りないなと思ったときに少し加えるだけで、味がまとまります。

ひとまずこれらの調味料のキャラクターをわかっていれば、いわゆる加工調味料も自分で作れることがわかってくるはずです。例えば、麺つゆは、水、醤油、みりんを混ぜて、かつお節と昆布を煮込むだけ。中身がわかると、甘くしたい、すっきりさせたいなど微妙な味の変化も自分次第。自炊がどんどん楽しくなるはずです。

おつまみ、副菜、メインまで、
卵があればなんでもできる。
自炊のきっかけになる名食材。

卵の料理

たまご料理が出来れば
世界中どこでも料理ができる！

ニラ玉

卵とニラを混ぜてから
弱火で炒めるだけ。
副菜にぴったりです。

材料

ニラ…1束
塩…小さじ2/3
卵…3個
韓国唐辛子…小さじ1
ごま油…大さじ2

1　ニラはザクザク切る。塩をしてなじませておく。ニラの根元の白いところもおいしく食べられるので捨てない。

2　ボウルに卵を溶き、ニラ、韓国唐辛子を混ぜ合わせる。

3　フライパンにごま油を入れて火にかける。ボウルに合わせたものを流し入れてヘラで混ぜながら火を通す。

ひとこと
卵の火の通し加減はお好みで。
きちんと火を通せばチヂミのように、
半熟ならオムレツのようになります！

煮卵

おかず、弁当、おつまみに。
なにかと便利な名脇役。

材料

卵…5個

（煮汁）
醤油…1/2カップ
砂糖…1/2カップ
みりん…1/2カップ
水…1カップ
かつお節
…10g（ひとつかみくらい）

1. 卵のお尻を軽く机に当て少しひびを入れておく（空気が入って剥きやすくするため）。

2. 常温の水が入った鍋に卵を入れ、茹で卵を作る。強火にかけ沸騰してきたら弱火にする。沸騰してから固茹では8分、半熟は5分が目安。

3. 冷水を用意しておき、茹でた卵を水につけて冷やす。冷えたら殻を丁寧に剥く。

4. 醤油、砂糖、みりん、水、かつお節を鍋に入れ中火にかける。煮立ったらアクを取り、冷ます。

5. 保存容器に冷めた煮汁を入れ、茹で卵を2〜3日漬けて味を染み込ませる。

ひとこと
煮汁のかつお節はご飯のお供にも。
残った煮汁は麺つゆにも。
もう一回くらいは卵も漬けられますよ。
ちょっと薄くなるけど。

おかずオムレツ

余った野菜を刻んで
挽き肉と炒めて卵で包むだけ。
しっかり具材を焼き付けるのが
ポイントです。

材料

合い挽き肉…60g
にんにく…1片
玉ねぎ…60g
にんじん…30g
卵…3個
塩、胡椒、ケチャップ
…各適量
バター…20g

1 にんにく、玉ねぎ、にんじんをみじん切りにする。

2 卵を溶く。

3 フライパンにバターを入れ、合い挽き肉を焼き付けて塩胡椒をする。合い挽き肉の横ににんにく、玉ねぎ、にんじんを加え炒め、塩で軽く味付けする。

4 焼き色がついたら全体をほぐして混ぜ合わせ、ケチャップを加えて火を通す。

5 溶いた卵に塩を入れ、フライパンに加える。手早く混ぜて半熟になったらくるりと巻く。

6 卵にしっかり火が通ったら完成。

ひとこと
途中までドライカレーとほぼ同じ手順です（笑）。最近は半熟が人気ですが火の通ったオムレツも結構おいしいと思います。

卵焼き

材料

卵…3個
砂糖…大さじ3
醤油…小さじ1
油…適量

一度手順を覚えてしまえば
意外とカンタン。
砂糖と醤油だけで作る、
甘めの味付け。

1 卵をボウルに割り、よく混ぜる。砂糖と醤油を加える。

2 卵焼き用のフライパンを中火にかけ熱し、油を適量なじませる。

3 菜箸に卵液をつけてフライパンに当てる。ジュッという音がしたら良い温度。

4 お玉に卵液をすくって流し入れ、フライパンを動かしながら全体に広げる。

5 卵が膨らんできたら、菜箸で気泡を潰しながら火を通す。ほぼ固まったら奥側から手前に、菜箸で三つ折りにして巻く。

6 巻いた卵の奥側に油を塗り、卵焼きを奥側に動かす。手前にも油を塗り、お玉で卵液をすくって入れ、卵焼きの下にも卵液を行き渡らせる。この工程を繰り返す。

7 焼き上がったら、お皿に移し粗熱を取る。

8 食べやすく切って器に盛る。

ひとこと
油の量はケチらずに。
フワフワしていない、焼き色がついた
甘い卵焼きが好きです。

焼いたり、茹でたり、揚げたり、
生で食べたり、漬けてみたり。
季節ごとの野菜を眺めて触って、
想像力を膨らませよう。

野菜の料理

道の駅や スーパーで 見える
景色が 変わってきます。

にんじんサラダ

スライサーを使って混ぜるのみ。保存もできて、サンドイッチの具や付け合わせにもなる頼りになる存在。

材料

にんじん …1本（200g）　塩…適量
オリーブオイル…大さじ1　胡椒…適量
醤油…大さじ1　　　　　　レモン汁…1/2個分
酢…大さじ1

1　にんじんは皮を剥いてスライサーで千切りにする。

2　器ににんじん、オリーブオイル、レモン汁、塩、醤油、酢、胡椒を加えてさっくりと合わせる。

3　保存する場合は蓋の閉まる容器に入れ臭いがつかないようにする。

ひとこと
このにんじんサラダを酢飯代わりにして、ヘルシー手巻き寿司にも。

野菜のピクルス

野菜の総重量の2%の塩分で良い加減のピクルスができます。野菜、スパイス、漬ける時間が変わっても、それはそれのおいしさがあります。

材料

パプリカ（赤・黄）
…各1個
きゅうり…2本
セロリ…2本
にんじん…1本
ミニトマト
…1パック（120g）
塩…野菜の総重量の2%
レモン…1/2個
（薄切りにして4〜5枚程度）
粒胡椒（黒か白）
…15粒程度
ローリエ…3枚

（漬け汁）
米酢、水…各1カップ
砂糖…大さじ5
赤唐辛子…3本

1. 野菜を食べやすいサイズに切る。
2. 野菜の総重量をはかり、全体量に対して2%の塩を用意する。
3. 塩を野菜全体にからめるように混ぜ合わせ、1時間ほど置いてなじませる。
4. 漬け汁の材料をすべて合わせる。砂糖がよく溶けるまで混ぜる。
5. 漬け汁、野菜、レモン、粒胡椒、ローリエを混ぜ合わせ、ラップで落とし蓋をして1〜2日漬ける。味を十分になじませたら完成。2日目以降はレモンが苦味に変わることがあるので、気づいたら除いてください。
6. 作りやすい分量で1週間は日持ちします。

> **ひとこと**
> 夏バテしているときに野菜をたくさん食べる方法のひとつ。カリフラワーやズッキーニもおすすめ。冬は大根や蕪、さっと茹でたゴボウや蓮根なんかも。常備していれば誰が来てもすぐにおつまみが出せちゃいます。

フライドポテト

揚げたてを
好きなだけ食べるために。

材料

じゃがいも（メークイン）
…4個（500g）
揚げ油、塩、胡椒…各適量

1　じゃがいもは皮を剥いてくし形に切り、水で洗う。

2　フライパンに水とじゃがいもを入れ火にかける。

3　串を刺し、少し抵抗があるくらいの硬さになったら、フライパンからザルに取り出す。

4　水分を飛ばすために少し置く。同じフライパンにじゃがいもを移し、半分くらいつかるまで油を入れる。

5　強火で揚げていく。くっつかないように軽くゆすってあげる。

6　5〜10分ほど揚げる。

7　カラリと香ばしく揚がったら2枚重ねた新聞紙に取り出し、油を切る。

8　油のたくさんついた1枚目の新聞紙は捨て、塩と胡椒を振って新聞紙をゆすりながら全体にまぶす。

> **ひとこと**
> マヨネーズにハーブやケチャップを加えてソースにするとさらに楽しめます。
> 新聞紙で油をよく切るのも大事なポイントです。

マヨネーズ、
自分で作ってみたら？

　ポテトサラダにはマヨネーズ。葉もの
サラダにはドレッシング。冷やしうどん
には麺つゆ。スーパーマーケットの売り
場には、ありとあらゆる調味料の商品が
並んでいます。マヨネーズやソースひと
つにも、対応する料理ごとに分けられた
さまざまな種類があったりして、その都
度買い足しているうちに、いつの間にか
冷蔵庫がボトルでいっぱいに……とい
う人も少なくないかもしれません。こ
れって、掃除用の洗剤なんかにも似てい
ますよね。「台所用、トイレ用、お風呂
用……」と無限に増えていく。でも実は、
その“中身”をよく確かめてみると、内
容物はさほど大きく違わないものだった
りします。

　そんな経験のある皆さんに、私は「そ
のマヨネーズ、自分で作ってみたら？」
と提案したい。マヨネーズの“中身”が
どんな素材でできているのか？と考えて
みたことはありますか。実はマヨネーズ
は、卵黄、油、酢、塩、マスタードがあ
れば作れます（作り方はP.28に）。既製

品の中から購入するだけでなく、「自分
で作る」というオプションだってあるん
です。

　なぜ自分で作るのか。それはまず、好
みの味にできるから。酢や塩の量を調整
して、自分の求めている味に変えること
ができる。重要なのは「自分自身も、い
つも同じではない」ということ。もし少
し風邪をひいているときなら、いつもよ
り塩分は少なめがちょうどよいかもしれ
ない。その日、そのときの体調や気分に
合わせて、ベストな味を探っていくこと
ができます。

　食材だって、いつも同じではないです
よね。野菜の味は季節ごとに違うし、品
種や産地の差、個体差もある。オリーブ
オイル、酢、醤油で作るドレッシングに、
その時々の野菜の味に合わせてオイルを
濃いめに入れたり、ゴマペーストを作っ
て入れてみてもいい。そのちょっとした
“違い”を意識してみることで、さらにお
いしくなる。もちろん既製品だって悪く
ないし、おいしいと感じる日もあるでしょ

う。でも例えば家族や友人と集まってパーティするときには、ただ高級品を買ってくるのでなく、自分で作ってみたら、きっともっと楽しい食事になります。

　祖父の代から料理研究家という家庭に生まれ育った私は、人に会うたびに「子供の頃からおいしいものばかり食べてきたんでしょう」と言われ続けてきましたが、毎日の食事で特別な料理を食べてきたなんてことはまったくなくて。みんなと変わらない、"普通"の日常的な家庭料理のメニュー。ただその材料や調味料、調理法を、母父はよりよく意識して選び、料理してきただけなんだと思います。

　もちろん私にも、誰にもできないようなすごい料理の技術があるわけじゃない。特別なことは何もしていないんです。おいしいじゃがいもを自分で選んで、マヨネーズを自分で作ってポテトサラダを作る、ただそれだけ。でも、それがすごく自分の武器になっている。

　現代は食にまつわる情報がものすごく多い時代ですよね。食材、メニュー、調理法、栄養についてなど、ありすぎて迷ってしまったり、真面目な人ほどルールに縛られて苦しくなってしまったり。そういう中で、「レシピに書いてあったから」「料理のセオリーだから」「習慣だから」と、ただそのとおりに従うだけではなくて、「こうしてみたら、自分にとってより良いのかも」と考えてみると、料理はもっと楽しくなる。教科書には「にんじんは皮を剥く」と書いてあるけど、泥がついてなければ、触ってみて柔らかければ、必ずしも皮を剥く必要はないかもしれない。そうした決まりや思い込みをいったん取り払って、身体で感じ、考えるトレーニングをしていけば、レシピがなくても応用が利くようになります。自分の感覚を大切にして、考えられること、そして自分の身体を自分でコントロールできること。それができるようになったら、たとえ今は「メニューは10品だけしか作れません」という人でも、その人は"料理上手"なんだと思います。

マヨネーズ

卵黄、油、酢、塩、マスタードのみ。
自作して改めて気がつく
マヨネーズのポテンシャル。

材料

卵黄…2個
マスタード…20g
塩…小さじ1
油…1カップ
酢…大さじ1
胡椒…適量

1　ボウルに卵黄、マスタード、塩、酢、胡椒を入れて泡立て器で混ぜる。

2　混ぜ終わったら油を少しずつゆっくりと絶えず混ぜながら入れていく。とにかく少しずつが大事。

3　感触が重くなってきたら油をすべて加えしっかりと混ぜる。

ひとこと
ハーブ、ヨーグルト、ケチャップなどお好みでアレンジを。
自分だけの調味料として使えば使い方は無限大。多めに作って瓶で保存しても大丈夫です。

基本の
ドレッシング

油2：酢1：醤油1
の比率をベースに、
その先のアレンジは無限大。

材料

オリーブオイル…大さじ2
酢…大さじ1
醤油…大さじ1
胡椒（お好みで）

オリーブオイル、酢、醤油をよく混ぜる。

> **ひとこと**
> フランスのレストランで
> 働いていたとき、
> まかないでこのドレッシングを
> よく作っていました。
> オイル、お酢、塩で味を
> 調えれば、ナンプラー、
> ワインビネガーなど各地の
> 調味料を使ってお国柄を出す
> アレンジができます。
> 日本の醤油はどの料理にでも
> 合う万能調味料だと思います。

サラダ

健康のため、のなんとなくのサラダではなくサラダを食べてキチンとお腹いっぱいに。

材料

トレビス
サラダ菜
クレソン
ルッコラ
トマト（切る）
オクラ（茹でる）
卵（茹でる）
ベーコン（焼く）
かぼちゃ（焼く）
鶏ささみ（茹でる）
ズッキーニ
（皮剥き器でスライスする）
玉ねぎ（千切り）
お好みの根菜、レモンなど

1 葉野菜を用意する。今回は誰かと食べる想定なのでトレビス、サラダ菜、クレソン、ルッコラなどバリエーションを多めに。普段は1種類でも大丈夫。

2 大きめのボウルに水を張り、葉野菜を手で適当なサイズにちぎってから入れて、汚れを落としていく。もうひとつボウルを用意して再度綺麗な水で洗えたらベター。ザルを下にして力強く振り、水を切る。

3 より丁寧に水を切る場合は綺麗な布に葉野菜を並べて水気を切っていく。

4 葉野菜を保存する場合は布やタオルで包み容器に入れる。

5 ドレッシング（P.29）を準備。

6 葉野菜だけではちょっと寂しいので追加で好きな食材を。今回はズッキーニ、トマト、玉ねぎの他、鶏のささみ、茹で卵などを用意。ズッキーニはピーラーでスライスして生で食べる。ベーコンやハムなどを足すとより食事らしくなる。

7 葉野菜と追加した食材は別々に大皿に盛り付ける（P.32の写真参照）。自由な盛り付けにチャレンジしよう。好みの量を取り、各々が自分のお皿でサラダを完成させる。

ひとこと
葉野菜をしっかり洗って保管すれば、数日は新鮮な状態で楽しめます。

ポテトサラダ

季節の野菜を
手作りマヨネーズで和えると
ちゃんとした"お料理"に。

材料

じゃがいも…400g
きゅうり…1本
玉ねぎ…100g
ロースハム…60g
卵…2個
マヨネーズ…100g
レモン汁…1/2個分
塩、胡椒…各適宜

1. じゃがいもは、皮を剥いて3〜4つに切り、水から火にかけ、煮立ってから軟らかくなるまで15分ほど茹でる。火が通ったら茹で汁を捨て、ボウルに移し、木べらで潰して粗熱を取る。

2. きゅうりは小口切りにし、塩小さじ1/2を振ってしんなりしたら絞る。

3. 玉ねぎは薄切りにして水にさらしてヌメリを取る（新玉ねぎのような辛くない玉ねぎならそのままでも）。

4. ロースハムは色紙切りにする。

5. 卵は水から茹で、煮立ってから8分茹でる。冷水に移し粗熱を取ってから殻を剥き、エッグカッターで切る。

6. すべての材料をじゃがいものボウルに入れて、マヨネーズ、塩、胡椒、レモン汁を加えてざっくりと和える。

ひとこと
季節ごとに加える野菜を変えれば、バリエーションは無限です。ハムを塩味の強い漬物やサラミにしても楽しめます。

野菜の
フライパン蒸し

あったかいサラダ
だと思ってください。
蒸し器を買わなくても、
蓋をしっかりとすれば
野菜の水分で蒸し状態に。

材料

ベーコン（塊）…60g
小蕪…2個
新玉ねぎ…1/2個
ズッキーニ…1/2本
トマト…1個
オクラ…2本
ラディッシュ…4個

スナップえんどう…4本
（お好きなお野菜で
やりましょう）

オリーブオイル…大さじ1
水…1/4カップ
塩…小さじ1/2

1 季節の野菜を用意して大きめにカットする。蕪、玉ねぎは皮を剥いてから、オクラはガクを、スナップえんどうは筋を取る。ベーコンは好みのサイズに切る。

2 フライパンに野菜とベーコンを入れて、水、オリーブオイル、塩を入れて蓋をして蒸し煮する。5分程度で野菜の火入れを確認してください。

3 完全に火を通そうと思わず、軽く火が入った程度でOK。

4 パンを添える。味付けはドレッシング（P.29）やビネガーなどお好みで。

ひとこと
今回はたくさんの種類の野菜ですが、
1〜2種類だけでも同じ要領でうまくいきます。
基本的にカットした野菜を少量の水で
フライパンでゆっくり蒸すと、
気持ちの良い火の通りに仕上がります。

キムチ鍋

具だくさんの味噌汁に
キムチを入れたら
簡単キムチ鍋の完成です。

材料

豚バラ薄切り…100g
鱈の切り身…1切れ(80g)
白菜…100g
油揚げ
…1枚（豆腐でも良い）
白ねぎ…1/2本
キムチ…150g
昆布…1枚（あれば）
煮干し…3〜5本（あれば）
水…2カップ
赤味噌…50g

1 豚バラ、鱈の切り身、白菜、油揚げ、白ねぎを食べやすいサイズに切る。キムチも食べやすいようにはさみで切る。

2 鍋に水とあれば煮干しや昆布を入れ、火にかける。

3 油揚げ、野菜類、鱈、豚バラ肉の順で入れていく。

4 具材すべてに火が通ったら味噌を溶く。

5 仕上げにキムチを入れる。

ひとこと
作り方はほぼ味噌汁。
味噌汁の延長で気軽に鍋ができます。
味噌は好きなものを使ってください。
お餅を入れてもおいしいです。

炭水化物をベースに野菜や肉を。
お米を中心に食事をすれば、
一人暮らしの栄養不足が解消されます。

お米の料理

おすすめは甘すぎないササニシキ。

豚きんぴら丼

和食の基本的な味付け、砂糖、酒、醤油の実力を再確認できる料理です。

材料

（きんぴらごぼう）
ゴボウ…100g
油…大さじ1
鷹の爪…1本
砂糖…大さじ1
酒…大さじ2
醤油…大さじ1

（豚バラの照り煮）
豚バラ肉…80g
醤油…大さじ1/2
砂糖…大さじ1/2
酒…大さじ1
胡椒…適量

ご飯…適量
山椒…適量

1 ゴボウは包丁の背で皮目をこそげて洗い、5～6cmの長さで千切りにする。鷹の爪は、ヘタを取って種を除き斜めに3つに切る。

2 小鍋に油を熱して、ゴボウ、鷹の爪を入れて炒める。砂糖、酒、醤油を加えてほぼ煮汁がなくなるまで炒め、お皿に移しておく。

3 豚肉を食べやすい大きさに切る。

4 小鍋に熱湯を用意し、豚肉を静かに茹でて余分な脂や臭みを取る。

5 熱湯を捨て、小鍋に醤油、砂糖、酒を加え煮汁がほぼなくなる程度に煮詰めて照り煮にする。仕上げに胡椒を振る。

6 ご飯は器に盛り、きんぴらごぼうと豚バラの照り煮をのせる。お好みで山椒を振る。

ひとこと
醤油が決め手になる料理は良い醤油を使うと仕上がりが変わります。
我が家は和歌山の「三ツ星醤油」にお世話になっています。

麻婆豆腐

煮込み豆腐を作るように、
弱火でゆったりと作ってみる。

材料

木綿豆腐…1丁
豚挽き肉…100g
生姜…20g
にんにく…2片
白ねぎ…20g
砂糖…大さじ2
酒…1/4カップ
水…2/3カップ
サラダ油…大さじ2
片栗粉…大さじ1
（大さじ1の水で溶く）
赤味噌…30g
豆板醤…小さじ1
粉山椒…小さじ1
ごま油…大さじ1

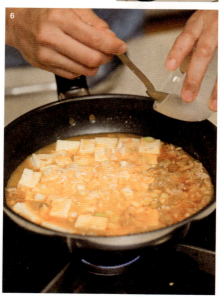

1. 生姜、にんにくを粗みじんに切る。ねぎはじゃばらに切って小口から刻む（詳しくはP.48のねぎの切り方を参照）。

2. 豆腐をさいの目に切る。

3. フライパンにサラダ油を熱し、生姜、にんにくを炒める。香りが出てきたら挽き肉を加えて炒める。

4. 挽き肉に火が通ったら赤味噌と豆板醤を加えて炒める。

5. 豆腐、砂糖、酒、水を加えて煮立たせる。その後、弱火で4〜5分煮る。白い豆腐が色づけばOK。

6. ねぎを入れ、仕上げに片栗粉の水溶きでとろみをつける。粉山椒、ごま油を回しかけて火を止める。

> **ひとこと**
> 強火でガーッと炒める中華料理というよりは、コトコト煮込む家庭料理のような、
> ご飯に合う優しい麻婆豆腐です。

親子丼

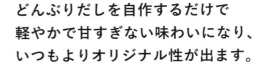

どんぶりだしを自作するだけで
軽やかで甘すぎない味わいになり、
いつもよりオリジナル性が出ます。

材料

鶏もも肉…60g
椎茸…1枚
どんぶりだし…60cc
三つ葉…3〜4本
卵…1個
ご飯…1人前

※どんぶりだし(4人分)
醤油…1/4カップ
みりん…1/4カップ
水…1カップ
砂糖…大さじ2
昆布…8cm前後
かつお節…10g(ひとつかみ)

1 どんぶりだしを作る。すべての材料(※)を鍋に入れて、5〜6分かけてゆっくり煮立てる。

2 アクを取りザルで漉す。

3 鶏肉はいらない脂を取り一口大に、椎茸は軸を取り薄切りに、三つ葉は2〜3cm幅に切る。

4 卵を溶きほぐす。

5 小さめのフライパンにどんぶりだし、鶏肉、椎茸を入れて中火にかける。

6 鶏肉の色が変わったら、火を少し強めて、三つ葉を入れて溶き卵を注ぐ。

7 再び煮立ったら蓋をして2〜3分蒸らし、中身をスライドさせて、ご飯の上に盛る。

ひとこと
ご飯なしで平たいお皿に盛って
酒の肴にも。
卵で具材と出汁をとじる
という技を身につければ
素晴らしい自炊人生が待っています。

ベーシック炒飯

ずーっと弱火でパラパラに。
ねぎとベーコンで作る炒飯、
というか焼き飯です。

材料

冷やご飯…300g
卵…2個
ベーコン…40g
白ねぎ…1本
サラダ油…大さじ2
塩…小さじ1/2
醤油…小さじ1
ごま油…小さじ1

1 ねぎを細かく刻む。ねぎの半分まで斜めに切り込みを入れ、ひっくり返し、同じように斜めに切り込みを入れてから小口切りにすると簡単にねぎの粗みじん切りができる。

2 ベーコンを細かく切る。

3 フライパンに弱火の状態でサラダ油を入れ、溶いた卵を投入。

4 すぐにご飯を入れる。炊きたては水分が多いので冷えたご飯がベター。

5 お米に卵をまとわせるように混ぜる。

6 火は常に弱火で焼き炒める。混ぜすぎるとお米が潰れてモチモチしてしまうので混ぜすぎないのがポイント。

7 ベーコンと塩を入れる。パチパチと音がしたら火が強すぎるので弱める。とにかく弱火をキープ。パラパラを追い求めたい場合はさらに5〜10分ほどキープしてもよい。

8 最後にねぎを入れて混ぜる。

9 香りづけにごま油と醤油を鍋肌から入れて、全体にまとわせる。

10 お好みで胡椒を振りかけて完成。

ひとこと
野菜の切れ端や残った生ハムや冷たい唐揚げを入れることも。細かく切って炒めれば、なんでも受け止めてくれる優しい料理です。

48

中華粥

ズシンとこない
サラリと食べられる
軽快なお粥です。

材料

水…5カップ
お米…1/2カップ

（茹でささみ）
鶏ささみ…1本 (50g)
塩…適量
酒…適量

（トッピング）
青ねぎ…少々
ごま油、醤油…各適量

1　お米は洗って、洗い米（P.88参照）にする。

2　お米1/2カップに対して10倍の水を入れて中火にかける。見た目はほぼ水。最初は鍋に米がくっつきやすいのでたまに鍋底を混ぜて様子を見てあげる。これでだいたい2人前。

3　鶏のささみ、塩、酒少々を水に入れて火にかける。沸騰したら火を止め、冷めたら完成。

4　お米が写真くらいトロトロになったら完成。最後に塩をひとつまみ。この状態になるまでの時間はだいたい20分くらい。

5　ほぐした茹でささみ、切ったねぎ、ごま油、醤油を最後に加えて完成。

ひとこと
お粥にごま油を足して
"中華"と呼んでいるだけです。
自分自身で身体を休める食事を
作れると安心感を持てます。

ドライカレー

スパイスはカレー粉のみ。
野菜をたっぷり摂れる
ドライカレー。

材料

玉ねぎ…130g
にんじん…90g
トマト…1個（180g）
生姜…30g
サラダ油…大さじ2
合い挽き肉…150g
塩…小さじ1
小麦粉…30g
カレー粉…大さじ2
水…1カップ
ターメリックライス…2人前

1. 玉ねぎとにんじん、生姜はみじん切りに、トマトは2〜3cm角に切る。

2. フライパンにサラダ油をひく。生姜、玉ねぎ、にんじん、挽き肉を入れて、塩を加えて焼き炒める。

3. 挽き肉に火が通ったらトマトを入れる。

4. カレー粉を加え、なじんできたら小麦粉を振りかけ、水を数回に分けて加える。

5. ぽってりしてきたら皿に移して粗熱を取る。

6. ターメリックライスにかけていただく。

ひとこと
炒めるときにあまり触らず焼き付けるとおいしくなります。カレー粉を加えてご飯を炊けば、即席ターメリックライスになります。タイ米を使うとさらに本格的に。

自分の家で、自分のための
おいしい肉の使い方を知ると、
一気に料理が楽しくなる。

肉の料理

強光はやめてゆっくりゆっくり。

ステーキ

ご飯と味噌汁に合う
誰でも作れる
家庭のステーキ。

材料

牛もも肉…200g
（お好きな量で）
バター…適量
サラダ油…適量
塩…適量
にんにく…1片

1　焼く前に少し多めの塩を肉全体に振る。

2　にんにくを切る。

3　バターと油を火にかける。バターだけだと焦げやすくなり、油だけだと香りが物足りないので両方あるとベター。

4　バターが溶けて少し泡立ってきたら肉を入れる。バターが焦げないように弱火で。

5　にんにくを加えて弱火をキープ（厚切りの場合は中火で）。ゆっくり焼くのがポイント。

6　肉の表面がふくらんできたらひっくり返す。肉から血（ドリップ）が多く出てきてしまったら、ペーパーで拭き取る。

7　ひっくり返して引き続き弱火で焼く。仕上げはバターが焦げない程度に少し火を強くする。

8　すぐに食べてもよいが、アルミホイルで蓋をして少し休憩させてあげると味が落ち着く。肉汁を落とすためにトレーと網があると便利。

ひとこと
バターを入れると香りが良くなるのでぜひ入れてください。火加減の調整はマニュアル運転と一緒です。自分で自分のステーキを焼き慣れて楽しみましょう。

ハンバーグ

肉、卵、玉ねぎ。
最低限の材料で作るハンバーグ
という名の大きな肉団子。

材料

合い挽き肉…250g
玉ねぎ…200g
卵…1個
塩…小さじ1/2
胡椒…少々
サラダ油…大さじ1

（ソース）
ケチャップ…1/3カップ
ウスターソース…大さじ1
練り辛子…小さじ1/2

1　合い挽き肉、みじん切りにした玉ねぎ、卵、塩、胡椒をボウルに入れる。

2　手ですべてよく混ぜ、タネを3等分にする（お好みの大きさでOK）。

3　手に油を薄く塗り、タネを両手に打ちつけて空気を抜き、楕円形にまとめていく。

4　フライパンにサラダ油を熱し、タネを入れる。中火で焼き色がつくまで焼く。

5　崩れないように慎重にひっくり返して弱火にする。蓋をして7〜8分蒸し焼きに（焦げやすいので注意）。

6　串で刺し、透明の肉汁が出てきたら完成。器に盛り、付け合わせを添える。

7　ハンバーグを取り出したフライパンにソースの材料をすべて入れ、ひと煮立ちさせ、ハンバーグにかける。

> **ひとこと**
> ひっくり返すのはフライパンの
> ふちをうまく使い、体幹を使って全集中。
> 一気にヘラで返してください。
> 触りすぎると悲しい結果に。
> でも、それも経験。

鶏の照り焼き

音が出ていないくらい
じっくり焼くのが簡単に
おいしいソテーを作る秘訣。

材料

鶏もも肉…1枚(約300g)
油…大さじ1
醤油…大さじ2
みりん…大さじ1
砂糖…大さじ1
酒…大さじ1

1. 鶏肉の表面の水気をペーパータオルで拭き、余分な脂も切り取る。

2. フライパンに油を入れ、皮目を下にして焼く。皮目にしっかりと焼き色がついたらひっくり返す。出てくる脂はキッチンペーパーでこまめに拭き取る。

3. フライパンにたまった油をもう一度キッチンペーパーで拭き取る。

4. 醤油、みりん、砂糖（写真はザラメ）、酒を入れて蓋をする。ごく弱火にして10～12分ほど蒸し焼きにする。ふつふつと煮立つ程度をキープする。

5. 蓋を取り、火を強めて醤油を煮つめ、鶏肉にからめながら照りをつける。

6. 取り出して冷ます。残った照り醤油はタレとしてとっておく。

ひとこと
八角を加えたり、調味料を
たまり醤油やザラメに変えたりすると、
また違った雰囲気になります。

唐揚げ

常温の油から火を入れると
鶏肉がやわらかく仕上がります。

材料

鶏もも肉…1枚（約300g）
醤油…大さじ2
酒…大さじ2
塩…小さじ1
生姜…20g
にんにく…1片
小麦粉…大さじ4
片栗粉…大さじ4
揚げ油…適量

1. 鶏肉は8〜10個程度になるよう一口大に、大きい唐揚げを食べたければ大きめに切る。

2. ボウルに醤油と酒、塩、すり下ろしたにんにく、生姜を入れて漬ける。

3. 小麦粉を加えて、水気がなくなるまで混ぜ合わせる。

4. 片栗粉をつける。全体にまとわせるとカリッと仕上げる。

5. フライパンに鶏肉が半分つかるくらい油を入れる。火をつけない状態で皮目を下にして鶏を入れる。

6. 中火で8〜10分ほど揚げる。タイミングを見てひっくり返す。唐揚げをひっくり返す回数はトータル2〜3回にとどめる。最後のほうで温度をグッと上げ、カリカリに仕上がったら取り出す。

ひとこと
いきなり熱いお風呂に入ると人間も体がこわばるのと同じで、ゆっくり温度を上げることで鶏もびっくりせずにやわらかさをキープできます。

フライパン蒸しで作る肉じゃが

煮込むというよりは、
少量の水で蒸す
という感覚で作ります。

材料

じゃがいも…2個
玉ねぎ…1個
糸こんにゃく…1/2玉
牛切り落とし肉
…120〜200g
青ねぎ…2本（約100g）
アスパラ…4本
（あれば入れると楽しい）
酒…1/3カップ
砂糖…大さじ4
醤油…大さじ3

1. 牛肉は食べやすく切る。玉ねぎは芯を残して皮を剥き、4〜6つ割りにする。じゃがいもは皮を剥いて3〜4つに切る（硬そうなら5〜6つ）。糸こんにゃくは食べやすく切り、茹でてから水にとってザルにあげる。青ねぎは4cm前後の長さに切る。アスパラは食べやすいサイズに切り、茹でて水にとる。

2. フライパンにじゃがいも、玉ねぎ、糸こんにゃく、牛肉を重ね入れる。砂糖、酒を入れる。蓋をして中火で10〜15分煮る。じゃがいもに串を刺して火が通っているか確認する。

3. 醤油を入れて蓋をして10分煮る。青ねぎ、アスパラを入れて蓋をしてさらに弱火で3〜5分ほど煮る。

> **ひとこと**
> 土井家のレシピは祖父のレシピから来ていることが多いです。
> 海軍で料理を指導していた祖父・土井勝は海の上の貴重な水をあまり料理に使わないレシピを多く残しました。野菜自体の水分で十分火が通ることを教えてくれます。

ポークチャップ

きちんと焼いたケチャップの旨味を引き出したソースを、豚肉と茹でただけのスパゲティにからめていただきます。

材料

豚ロース肉
…2枚（1枚120〜130g）
玉ねぎ…小1個
マッシュルーム…60g
ケチャップ…1/2カップ
赤ワイン（なければ酒）
…1/4カップ
水…1/2カップ
バター…15g
サラダ油…大さじ3
塩、胡椒、小麦粉…各適量
スパゲティ、
ブロッコリー（付け合わせ）

1 玉ねぎは3mmくらいの厚さに、マッシュルームは薄切りにする。

2 肉は筋切りをする。塩胡椒をしたら小麦粉を薄くまぶす。

3 フライパンにサラダ油大さじ2を入れ、豚肉の表面の色が変わる程度に両面焼き、いったん取り出す。

4 サラダ油大さじ1とバター10gを入れて、玉ねぎとマッシュルームに焼き色がつくまで炒める。

5 塩小さじ1/3、ケチャップを加えて、ケチャップの色が渋くなるまでよく焼き炒める。

6 肉を戻してなじませたら火を強めて赤ワインを加えて煮立てる。

7 水を加え、ソースがポテッとしてくるまで優しく火を通す（火が通ったかきちんと確認する）。

8 仕上げにバター5gを落として火を止める。

9 茹でてオイルをからめたスパゲティ、茹でたブロッコリー、肉、ソースをお皿に盛ったら完成。

> **ひとこと**
> ケチャップの香りと色が変わる瞬間を感じましょう。

ちょっとしたコツでご馳走に。
麺、パン、小麦粉との付き合い方。

小麦の料理

好きなようにカスタムして
いつもの料理を自分流に。

フレッシュトマトのスパゲティ

トマト缶ではなく、トマトでパスタ。

材料（1〜2人分）

トマト…2個(1個180g)
オリーブオイル…大さじ2
にんにく…1片
塩…小さじ2/3
胡椒…適量
砂糖…ひとつまみ
スパゲティ…160g
（1人分80g前後）

1 にんにくを薄切りにする。トマトを2cm角に切る。

2 フライパンにオリーブオイルを入れてにんにくと切ったトマトも入れる。中火にかけて途中で塩、胡椒、砂糖を加える。パスタを茹で始める。

3 トマトが煮崩れて、なめらかなソースになるまで煮詰める。

4 茹で上がったパスタをフライパンに入れてソースを和える。

> ひとこと
> 夏、おいしそうなトマトをスーパーで見つけたら作ります。
> 砂糖はトマトの甘味を確かめて調整してください。

ピーマン焼きそば

野菜炒めと焼いた麺
だと思って作ると、
どちらの火の通りもバッチリ。

材料

ピーマン…3〜4個
にんにく…1片
生姜…10g
豚バラ肉…100g
塩…適量
胡椒…適量

サラダ油…大さじ2
茹で中華麺…1玉
ウスターソース…大さじ2
とんかつソース…大さじ2
紅生姜…お好み
青のり…お好み

1. ピーマンを半分に切り、軽く潰してヘタと種を取らずに細切りにする。にんにくと生姜は潰して粗いみじん切りにする。

2. サラダ油大さじ1を熱して、豚肉、ピーマン、にんにく、生姜を焼き、軽く塩胡椒をする。

3. 別のフライパンでサラダ油大さじ1を熱して麺を焼く。

4. 麺に焦げ目がついてきたらウスターソースととんかつソースを加えて、麺をほぐしながら炒める。

5. 2の豚肉に焼き色がついてきたら、麺が入っているフライパンに加え一緒に炒める。

6. お好みで紅生姜、青のりをちらす。

ひとこと
キャベツや玉ねぎなど具材が変わっても別々に炒めるやり方で。
味付けは塩だけでも十分おいしいです。

フレンチトースト

砂糖とバターで
キャラメリゼに挑戦すれば
シロップなしでも
おいしく食べられます。

材料

バゲット…1/3本
食パン…1枚
（パンはお好きなものを
選んでください）
牛乳…1カップ
砂糖…大さじ1

卵…1個
バター…10g

（キャラメリゼ用）
砂糖…大さじ1
バター…10g

1. バゲットは3cmの厚さに、食パンは半分に切る。

2. 牛乳に砂糖を混ぜ、パンを浸して、2〜3回返しながらしっかりとパンに含ませる。

3. 溶き卵を加えて返しながら含ませる。

4. フライパンにバターを熱して、パンを中火で焼いて蓋をする。弱火にしてゆっくり焼く。

5. 焼き色がついたら返す。もう一度蓋をして5〜6分焼き色がつくまで焼く。

6. 砂糖を振りかけ、バターを溶かしてなじませ、キャラメル状になるまで火を入れて全体にからめる。

7. 焼いたベーコン、ソーセージを添えて、必要であればメープルシロップをかける。

ひとこと
バターをたっぷり使って、恐れずに砂糖が焦げる寸前まで火を入れてみてください。これがキャラメリゼです。キャラメリゼしたくなってきますよね。

冷やしそうめん

おいしいそうめんのコツ、
それはきちんと洗うこと。

材料

そうめん…3～4束

（麺つゆ）
醤油、みりん
…各1/3カップ
水…1・1/3カップ
昆布（10cm角）…1枚
削りがつお…10g

（薬味）
青ねぎ
生姜（すり下ろす）
みょうが
青じそ
など

1. 鍋に麺つゆの材料をすべて入れ、弱火にかける。煮立ったらアクと泡を取り、火を止める。ザルで濾して冷やしておく。

2. 青ねぎ、みょうがは小口切りに。青じそは千切りに。

3. そうめんをたっぷりの熱湯に入れる。煮立ったら差し水（1/2カップくらい）をして煮立ちを抑え、再び煮立ったらザルにあげる。

4. たっぷりの流水をかけて冷まし、冷めたら流水で十分にもみ洗いする。コシを出して口当たりを良くするためにしっかりと表面のぬめりを取る。

5. 氷水とともにそうめんを盛る。薬味を添えて、冷たい麺つゆと食べる。

ひとこと
騙されたと思って「これでもか！」というくらい洗ってみてください。いつものそうめんが変わります。

たまご サンドイッチ

自家製マヨネーズと
茹で卵を和えるだけ。
パンにバターを塗るときは
惜しまずに。

材料

6枚切り食パン…2枚
バター…適量
マヨネーズ…40g
茹で卵…2個
サラダ菜…2枚
胡椒…適量

1 使うバターは常温でしばらく置いておく。

2 自家製マヨネーズ（P.28参照）と、刻んだ茹で卵（卵カッターがあるとすぐできる）を混ぜ、胡椒を振る。

3 トーストしたパンにバターを塗る。

4 パンに茹で卵とマヨネーズ、サラダ菜をのせてサンドする。

5 手のひらで優しく押さえ、2等分、もしくは4等分に切る。

ひとこと
ポテトサラダ（P.34）とにんじんサラダ（P.20）を挟むのもおすすめ。
たまにお土産でもらうことがある海外の不思議な調味料も使えちゃうかも。

お好み焼き

小麦ではなく、
野菜が主役の軽いお好み焼き。

材料（1枚分）

キャベツ…170g
ちくわ…50g（1/2本）
紅生姜…10g
青ねぎ…1/2本
山芋…25g
水…1/2カップ
かつお節…ひとつかみ
小麦粉…45g
卵…1個
豚ロース肉…3枚
（生姜焼き用）

お好み焼きソース
青海苔
削りがつお
マヨネーズ、ケチャップ、
練り辛子、レモン汁

1 キャベツ、ちくわ、紅生姜はみじん切りに、青ねぎは小口切りにする。

2 ボウルに皮を剥いた山芋をすり下ろし、水を加えて混ぜる。

3 2に切ったキャベツ、ちくわ、青ねぎ、紅生姜、かつお節を入れて混ぜる。最後に小麦粉を入れて軽く混ぜる。

4 生地に卵を割り入れてさっくりと混ぜ、油をひいたフライパンに豚ロース肉を2枚敷き、生地の半分を豚ロースの上に敷き詰める。

5 生地の形を軽く整えて、豚ロース肉を1枚のせ、残りの生地を上からかけて整える。

6 中火で蓋をして焼く。

7 火が通ったらひっくり返して裏面も焼き目がつくまで焼く。

8 ソースを塗って、青海苔、削りがつおをのせる。

9 お好みでマヨネーズ、ケチャップ、練り辛子、レモン汁を添える。

ひとこと
小麦粉はほんの少しだからローカロリー。
混ぜすぎないのが一番のポイントです。

自炊の手引き

料理が身近になる自炊のヒント集。
と、ときどきコラム。

お米の炊き方、改めて。

洗い米にしてから早炊きモード。

まずはお米をよく洗う。洗ったらお米をザルに広げて20〜30分待つ。このときお米自体が濡れている水分を吸ってくれます。白くサラサラとした状態となり、これを洗い米と呼びます。すぐに炊かない場合はビニール袋に入れて冷蔵庫で保管してください。1〜2日はもちます。

ザルで米をよく洗う。
↓
ザルに広げて20分程乾かす。

洗い米にしてビニールで保存すれば翌朝すぐ炊ける。

炊くときは洗い米をもう一度計量します（乾物状態のときと量が変わっています）。洗い米と同じ量の水を炊飯器に入れ、早炊きモードで炊きます。通常モードは浸水時間が含まれた設定なので洗い米の場合は早炊きモードでOKです。炊き上がったお米は、もしお櫃があれば移して保管してください。冷めてもおいしいご飯が食べられます。

ひとこと
土井家ではササニシキを使っています。甘すぎない味わいで日々のおかずによく合います。
洗い米にして炊く方法は、炊飯器でも土鍋でもキャンプのアルミやステンレスの鍋でも、簡単においしく炊けます。

味噌汁の作り方。

ペティナイフがあると便利。

1 お椀を計量カップ代わりにする。お椀の七分目くらいまで水を入れる。出汁はなくてもOKだが、煮干しと昆布があればこのタイミングで入れて火にかける。

昆布は小さくカットして具材として食べよう。

2 「お椀に入る量」を目安に食材を入れる。それが1人前の分量。まな板がない場合は野菜を手に持ち、一口サイズに切って直接入れていく。

冷蔵庫にある食材で
お椀1杯分の味噌汁を。

3 味噌を大さじ1前後入れる。味噌の分量は何度か作っていくと適量がわかってくる。

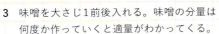
薄ければ後から足せばよし。

4 ねぎや豚バラなど火が通りやすい食材は味噌を溶いた後に入れるなど、タイミングは好みで調整する。

> **ひとこと**
> 余った野菜、卵、冷蔵庫に残っているチーズ、食べきれず乾いてきた生ハムなど、何を入れてもだいたい何とかなります。味が足りないなと感じたら醤油やオリーブオイルを少し加えると旨味が増します。

レタスなどの葉野菜は
最後にサッと
入れるくらいで。

春　蕪、レタス、スナップエンドウ、アスパラ、小松菜

仕上げに
オリーブオイルと
カマンベールチーズを
加えて洋風に。

夏　ズッキーニ、ミニトマト、パプリカ、ナス、
　　　カマンベールチーズ、オリーブオイル

きのこと根菜を
たっぷりコトコト。

秋 きのこ類、さつまいも、油揚げ

味噌汁に卵は
おすすめです。

冬 大根、にんじん、豚バラ、卵

料理は
クリエーションの始まり。

食べることを、なめたらあきません。
人間は料理する動物だからです。
ゴリラは料理しません。
食べたもので自分はできているからです。
料理して・食べるという関係の中に
愛情は育まれます。
一人暮らしは、自分で料理する人と
食べる人を二役することです。
だから、自炊は自分を大切にすること、
愛することです。
それを実現するのが、一汁一菜です。
一汁一菜は汁飯香と言って、
味噌汁とご飯と漬物です。
味噌汁を具沢山にすれば、
おかずの一品を兼ねるから、
ご飯があれば、味噌汁さえ作れれば、
すぐ食べられます。

食を整えるとそれ以上に
必ずいいことがあります。
なに作ろうなんて考えないで味噌汁を
作るスタイルですから、簡単です。
一汁一菜は和食の伝統的食事の
基本スタイルです。
そうは言っても、若いみなさんは、
肉も味の濃いものも食べたいでしょう。
そんなときいろいろ料理をすればいい。
料理することは、生きること、
それはクリエーションの始まりです。
料理は小さな判断の連続です。
判断する力が感性です。
大いに五感を働かせて、磨いてください。
感性は身体能力ですから、
それは人生を豊かに楽しくするものです。
どうぞお料理してください。

土井善晴

余ったら詰めてみよう。

ポークチャップと茹でたスパゲティ。

お弁当箱をタッパー代わりにすれば、
次の日に食べたり、家族にお裾分けしたりできる。
冷たくてもおいしいことに気がついたりもする。

ハンバーグとピクルス。

肉じゃが。

焼きそば。

炒飯ときんぴらごぼう。

ドライカレーとにんじんサラダ。

鶏の照り焼きと煮卵。

唐揚げと切ったきゅうり。

お好み焼きとポテトサラダ。

フレンチトーストとウィンナー&バナナ。

トッピングの話。

肉味噌

少量の油で豚肉を焼き炒め、味噌、
砂糖を加え炒め合わせる。

材料

豚挽き肉…30g
赤味噌…5g
油…少々
砂糖…小さじ1/2

これだけでもつまみ。

ニラごま

ニラをザクザク切って
ごま油と塩で和える。

材料

ニラ…半束
塩…小さじ1/2
ごま油…適量

ほぼ切っただけ。

トッピングを自作できるとシンプルな食材もちょっとした料理になります。まずは身近な豆腐で試してみてください。

他にも麺にのせて和えたり、ご飯にのせておかずにしたり、使い方は色々。そのままオツマミとして食べるという技もあります。

ししとう

小口切りにしたししとうを油で炒め、醤油、塩を加え炒め合わせる。

材料

ししとう…4本
油…少々
醤油…少々
塩…少々

ご飯にも合います。

トマトサラダ

トマトを粗いみじん切りにしてドレッシングと塩で和える。

材料

トマト…半分
塩…小さじ1/2
醤油ドレッシング…適量

ドレッシングの気分で。

家で作る
温かい麺の出汁。

かつお節、鯖節、昆布、
みりん、醤油で作る
基本の出汁。

材料

かつお節…15g
鯖節…25g
昆布…8cm
水…8カップ
みりん…大さじ3

醤油…3/4カップ
(かつお節、鯖節の量は
お好みで大丈夫。
煮干しでもできます)

1　鍋にすべての材料を入れて、弱火にかける。

2　煮立ってきたらアクを取る。

3　ある程度アクを取ったら濾して完成。

> **ひとこと**
> 温かい蕎麦やうどんを手作りの出汁で食べると
> 全然違います。冷ましてペットボトルに
> 入れたら1週間ほどは使えます。
> 鯖節がなければ煮干しでも構いません。

はじめの道具。

最低限用意しておくと料理がスムーズになる道具たち。

包丁
22〜24cmくらいの包丁。

一本あれば
ひとまずOK！

小さな泡立て器
味噌を溶くときに
あると便利。

お玉の上で
シャカシャカしよう。

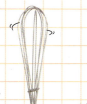

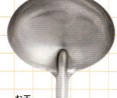

お玉
味噌汁やスープをよそう
際にないと困るので。
(75cc)

スライサー
にんじんサラダやじゃが
いもの千切りで作るポム
パイヤソンなどに。

出番は少なめだが
特定の料理で大活躍。

小鍋
直径15cm前後くらい。
1〜3人分の味噌汁を
作るときにちょうどいい。

ボウル
野菜を水につけたり、食材を混ぜ合わせたり、
実は調理の楽しさがグッと上がる隠れた必需品。
(20cm)

菜箸
ないとさすがに困るアイテム。
特に揚げ物のときは。

ピーラー
主にじゃがいもの皮を
剥くときの必需品。

フライパン
直径15cm前後。ステーキ、
ニラたま、鶏の照り焼きなどに。
(小：20cm 中：24cm)
しん前の場合は
このサイズがあれば大体事足りる。

ザル
お米を研ぐときや野菜を洗うときなど
食材に触れる場として重宝する。(22cm)

トング
肉料理やパスタを
作るときに。
あるとないとで
気分が変わる。

POPEYE Web
で連載中。

この本はPOPEYE Webの連載「どのみち毎日食べるから。」を書籍化したものです。まだ連載は続いていて、クリスマスにはフライドチキン、暑い季節には夏野菜を使ったフレンチスタイルの味噌汁など、そのときならではの料理を月に1回紹介しています。ちなみにポッドキャストも収録しているから音声付き。ここに出てきた料理もいくつか記事にしているので、もうちょっと詳しく知りたいと思った方はぜひ覗いてみてください。

Ça dépend.

好きなフランス語があります。
それはサデポン。
英語だと「イットディペンズ」。
日本語だと「場合による」とかでしょうか。
日本語でも英語でも口癖になるほどは使わないみたい。

一方、フランスに初めてついた日から聞きまくりました。
ここのクロワッサン8時に焼き上がる？ サデポンやね。
この日までに返信してくれる？ サデポンかな。
あの人って優しいよね。 サデポンじゃね？

フランスは「場合による」が常にある国でした。

そこで思いました。
料理は本当にサデポン。
季節による。 調味料の質による。火加減による。
食材の切り方による。湿度による。鍋の大きさによる。
料理人の機嫌による。

だから毎日同じメニューでも絶対に味が違う。

108

昨日はおいしかったのに、今日はイマイチだった。
明日は彼女に振る舞うのに大丈夫かなあ。

そんな不安はサデポンが解決してくれます。
料理は食材と調味料とあなたによる。
芳しくない結果でもすべて料理をしている人のせいでは
ありません。
だから毎日サデポンの料理をする。
決まっている味じゃつまらない。
決まっている味＝おいしい
と思っているのは、頭が感じているだけ。
おいしいという安心が欲しいだけ。
身体はおいしいなんて毎日求めていない。
毎日きれいな花があったら怖い。
水をやらなかったら枯れるし、
寒くなったらいったん咲くのを止める。

わたしたちの大いなる味方サデポン。
みなさん料理はサデポンです。

サデポンの気持ちで。
あ、食べたいな。って思うものを作ってみてください。

自分のために。とりあえず、やってみよう。

土井 光

土井 光

どい・ひかる｜1991年、大阪生まれ東京育ち。フランスで三ツ星レストランや老舗菓子店に勤め、在仏7年後帰国。現在は父である土井善晴の事務所に勤務。大学や調理師学校の講師、コラム執筆、フランスと日本文化をつなぐイベントなどを行う。趣味はマラソン。

著者	土井光
撮影	五十嵐一晴
デザイン	((STUDIO))
コラム	鍵和田啓介 (P.6)
	井出幸亮 (P.26)
	土井善晴 (P.94)
イラスト	三宅瑠人
スタッフ	宇都楓矢、町田絵理
校正	山本志保
編集	宮本賢、国分優
協力	おいしいもの研究所

はじめの自炊帳

2025年3月31日　第1刷発行

著者	土井光
発行者	鉄尾周一
発行所	株式会社マガジンハウス
	〒104-8003　東京都中央区銀座3-13-10
	POPEYE編集部　03-3545-7160
	受注センター　049-275-1811

印刷・製本　株式会社光邦

©2025 Hikaru Doi, Printed in Japan
ISBN978-4-8387-3318-7 C0077

乱丁本・落丁本は購入書店明記のうえ、小社製作管理部宛てにお
送りください。送料小社負担にてお取り替えいたします。ただし、
古書店等で購入されたものについてはお取り替えできません。
定価はカバーと帯、スリップに表示してあります。
本書の無断複製（コピー、スキャン、デジタル化等）は禁じら
れています（ただし、著作権法上での例外は除く）。断りなくス
キャンやデジタル化することは著作権法違反に問われる可能性
があります。

マガジンハウスのホームページ
https://magazineworld.jp/